# VIE
## DE
# JEAN-PIERRE DE MESMES

### Par Guillaume COLLETET

PUBLIÉE PAR

## M. Ph. TAMIZEY DE LARROQUE

CORRESPONDANT DE L'INSTITUT

## PARIS

ALPHONSE PICARD, LIBRAIRE-ÉDITEUR

Rue Bonaparte, 82

M. D. CCC. LXXVIII

**Publications de Bonnedame et Fils,**
En vente à la librairie de Alph. PICARD, rue Bonaparte, 82,
PARIS.

---

*Études biographiques sur François Villon*, d'après les documents inédits conservés aux Archives nationales, par M. Auguste Longnon. Paris 1877. Petit in-8° imprimé à la presse à bras sur papier vergé. Titre rouge et noir. Avec un plan des environs du cloître de Saint-Benoît.

Ces curieuses et savantes recherches qui nous donnent le dernier mot sur Villon, et la réputation de l'Auteur, ont fait épuiser en un an toute l'édition, tirée à petit nombre, de ce charmant volume. Nous en avons retrouvé quelques rares exemplaires que nous ne pouvons pas livrer à moins de . . . . . . . . . . . . . . . . . . . . . . . . . . . . . . . . . . fr. 10 »

---

## LES CONTES RÉMOIS

Par le Comte de Chevigné

Édition miniature in-32 en couleurs.
Sur papier vergé, avec lettrines rouges . . . . . . . fr. 8 »
Sur papier chine, avec lettrines rouges et encadrements violets . . . . . . . . . . . . . . . . . . . . . . . . . fr. 24 »

---

CONDITIONS DE LA SOUSCRIPTION POUR 1878
AU

## CABINET HISTORIQUE

REVUE MENSUELLE. — XXIV° ANNÉE

DEUXIÈME SÉRIE. TOME SECOND

---

Le Cabinet historique paraît tous les mois, par cahiers de 3 feuilles, texte historique et catalogue, contenant annuellement l'indication de 3,000 documents manuscrits environ.

PRIX DE L'ABONNEMENT :

Pour PARIS . . . . . . . . . . . . . . . . . . . . . . . . . . . . . 12 fr.
Pour les DÉPARTEMENTS et l'Union postale . . 14 fr.

AUCUNE LIVRAISON NE PEUT ÊTRE VENDUE SÉPARÉMENT

Les demandes d'abonnements et les envois d'argent doivent être adressés au libraire-dépositaire, M. Alphonse PICARD, au nom de qui seront créés les mandats de poste ou autres.

*Les Éditeurs :* BONNEDAME ET FILS.

## Publications de Bonnedame et Fils,
### En vente à la librairie de Alph. PICARD, rue Bonaparte, 82, PARIS.

*La Légende du souper de la Trémouille, après la bataille de Saint-Aubin (28 juillet 1488)*, par M. A. DE LA BORDERIE, ancien élève de l'École des Chartes, ancien député, in-8°............................. fr. 1 25

*Le même*, papier vergé..................................... fr. 1 75

*Une entrevue de diplomates en Suisse au XVIIe siècle*, par M. E. ROTT, secrétaire de la Légation de Suisse en France, in-8°.......................... fr. 1 »»

*Le même*, papier vergé..................................... fr. 1 50

*La Bibliothèque Mazarine et le duc de la Vallière*, par M. AUGUSTE MOLINIER, ancien élève de l'École des Chartes. — *Note sur le duc de la Vallière et la Bibliothèque Mazarine*, par le R. P. SOMMERVOGEL, S. J., in-8°................................................. fr. 1 50

*Les mêmes*, papier vergé.................................. fr. 2 »»

*Journal de Nicolas-Édouard Olier*, Conseiller au Parlement, 1593-1602, publié par L. SANDRET, in-8°. fr. 2 75

*Le même*, papier vergé..................................... fr. 4 »»

*Sculptures de Gérard van Obstal conservées au Musée du Louvre*, par LOUIS COURAJOD, in-8° épuisé..... fr. 1 50

*Le même*, papier vergé..................................... fr. 2 »»

*Inventaire des Cartulaires conservés dans les Bibliothèques de Paris et aux Archives nationales*, par M. Ulysse ROBERT, suivi d'une *Bibliographie des Cartulaires publiés en France*, par M. Léopold DELISLE ................................................... fr. 4 »»

*Le même*, papier vergé..................................... fr. 6 »»

*La Domination bourguignonne à Tours et le Siège de cette ville, 1417-1418*, par M. DELAVILLE LE ROULX, élève de l'École des Chartes, in-8°....... épuisé fr. 2 75

*Le même*, papier vergé.................... épuisé fr. 4 »»

*Quelques mots sur les Dames Damées*, par M. Pierre BONNASSIEUX, archiviste aux Archives Nationales, papier vergé.................................................. fr. 2 »»

# VIE DE J.-P. DE MESMES

Par Guillaume COLLETET.

Extrait du *Cabinet historique*

Tome XXIV, p. 10 à 32

Tiré à cent vingt-cinq exemplaires, dont vingt-cinq sur papier vergé.

# VIE

DE

# JEAN-PIERRE DE MESMES

Par Guillaume COLLETET

PUBLIÉE PAR

M. Ph. TAMIZEY DE LARROQUE

CORRESPONDANT DE L'INSTITUT

PARIS

Alphonse PICARD, Libraire-Éditeur

Rue Bonaparte, 82

—

M. D. CCC. LXXVIII

# AVERTISSEMENT

Quand je réimprimai, en 1872, d'après le seul exemplaire connu, les *Sonnets exotériques* de Gérard Marie Imbert (1), j'annonçai (p. 74-75, note 36), à propos d'un hommage rendu par le poète condomois à Jean Pierre de Mesmes, que je comptais publier prochainement une notice de Guillaume Colletet sur ce dernier personnage, et j'y renvoyai avec un téméraire empressement les bienveillants lecteurs. Diverses occupations ne m'ont pas permis jusqu'à présent de tenir cette promesse. Je puis enfin dégager ma parole, et, pour que l'on me pardonne plus facilement un aussi long retard, je jure que la publication de la notice sur J.-P. de Mesmes sera bientôt suivie de la publication des trois autres notices de Colletet, qui sont encore entre mes mains, les notices sur Eustorg de Beaulieu, sur Jean Besly et sur Marc-Antoine de Muret.

Tout mon portefeuille étant alors ainsi vidé, les biographies, extraites du manuscrit autographe de la bibliothèque du Louvre, que j'aurai eu la joie de mettre

(1) *Collection méridionale*, tome II, in-8. Paris et Bordeaux.

en lumière, seront au nombre de dix-sept (1). C'est bien peu si l'on considère tout ce qui restait à publier (2) ; c'est beaucoup si l'on compare ce que j'ai recueilli avec ce qu'ont recueilli les autres amis du bon Colletet (3). Je ne songerai jamais, sans un serrement de cœur, aux circonstances qui m'ont empêché de sauver de la destruction une centaine d'autres biographies que j'avais formé le projet de transcrire encore, et dont la liste embrassait tous les poètes de la vaste région où l'on parlait jadis la *langue d'Oc* (4).

Si quelque chose pouvait me consoler de n'avoir pas devancé l'incendie à jamais maudit du mois de mai 1871 ce serait la pensée qu'un jeune érudit, ancien bibliothé-

(1) Six ont paru, en 1866, dans les *Poëtes Gascons* (Bernard du Poey, François de Belleforest, Guillaume de Saluste, sieur du Bartas, François le Poulchre, sieur de la Motte-Messemé, Jean de la Jessée, Joseph du Chesne, sieur de la Violette); deux, en 1868, dans les *Poëtes Agenais* (Antoine de la Pujade, Guillaume du Sable); une, isolément, en 1872 (*Guy du Faur de Pibrac*); quatre, en 1873, dans les *Poëtes Bordelais et Périgourdins* (Lancelot de Carle, Étienne de la Boëtie, Jean du Vigneau, Marc de Mailliet).

(2) Sur quatre cent cinquante notices environ il en a été publié (je dis publié et non analysé) à peine une cinquantaine. Voir *le Manuscrit des vies des poètes françois de Guillaume Colletet brûlé dans l'incendie de la bibliothèque du Louvre. Essai de restitution par* LÉOPOLD PANNIER, de la Bibliothèque nationale (Paris, 1872, in-8°. La curieuse brochure de cet érudit si regrettable et que, pour ma part, je regretterai toujours, est extraite de la *Revue critique d'histoire et de littérature*, où a aussi paru sur le recueil de Colletet un article de M. Gaston Paris, (n° du 22 septembre 1866, p. 189-194), article que je n'ai pas le droit de louer, tant il est flatteur pour moi, mais que M. L. Pannier (p. 5) trouvait remarquable.

(3) Le butin du plus intrépide de tous, mon excellent ami M. Prosper Blanchemain, se compose de neuf biographies, celles de Robert Angot, de Pierre de Cornu, de Jean Doublet, de Claude Gauchet, de Louise Labé, d'Olivier de Magny, de François de Mainard, de Pierre de Ronsard et de Jacques Tahureau.

(4) J'avais, par exception, transcrit les pages sur le parisien J.-P. de Mesmes à cause des relations de ce poète avec l'auteur des *Sonnets exotériques*.

caire du Louvre, M. F. de Caussade, qui a déjà si bien mérité des lettres comme éditeur, avec M. E. Réaume, des *Œuvres complètes* d'Agrippa d'Aubigné, travaille avec un zèle digne de tout éloge, à reconstituer, pièce à pièce, le recueil de Colletet, tant à l'aide des cent quarante-sept notices du manuscrit Durand de Lançon, acquis en 1872 par la Bibliothèque nationale, qu'à l'aide des autres notices qui, soit à l'état de copies, soit à l'état d'imprimés, nous ont été conservées ailleurs. Si la publication de M. de Caussade ne nous rend pas la moitié même des trésors perdus, cette publication nous rendra du moins tout ce qu'au prix des plus infatigables recherches il aura été possible d'en retrouver. Ajoutons que le bibliothécaire du ministère de l'instruction publique diminuera encore nos regrets, en s'efforçant de compléter, dans un abondant commentaire, les renseignements biographiques et bibliographiques réunis par l'auteur des *Vies des Poètes François*. En signalant ici le grand travail que prépare M. de Caussade, travail dans lequel tous les petits travaux de ses devanciers seront absorbés comme d'humbles ruisseaux dans un large fleuve, je n'éprouve aucun de ces mesquins sentiments de jalousie que développe parfois, dit-on, la vue d'un futur héritier. Je salue d'avance, au contraire, la précieuse publication du vaillant érudit avec la double cordialité d'un confrère et d'un compatriote.

Ph. Tamizey de Larroque

# JEAN-PIERRE DE MESMES [1]

La noble et antique famille des de Mesmes, qui esclatte maintenant à Paris en la personne de ces trois illustres frères Henry de Mesmes, président au Parlement (2), Claude de Mesmes, comte d'Avaux, cy devant plénipotentiaire de France à Munster pour la paix générale si généralement désirée (3), et Antoine de Mesmes, seigneur d'Irval, conseiller du Roy, et maistre des requestes ordinaires de son hostel (4), est depuis près de deux siècles originaire

(1) Manuscrit original, tome II, p. 68-73. Copie, tome IV, p. 203-206.

(2) Henri de Mesmes, II<sup>e</sup> du nom, marquis de Moigneville et d'Esverli, seigneur de Roissi, de Balagni, etc., avait été nommé président à mortier au Parlement de Paris en 1627. Il mourut le 29 décembre 1650, âgé de 65 ans.

(3) Claude de Mesmes, comte d'Avaux, naquit en 1595 et mourut le 19 novembre 1650. Nulle part on ne trouvera un plus enthousiaste éloge de cet homme d'État que dans le *Moréri* (article *Mesmes*, t. VII, 1759, p. 496-497). On y lit, par exemple, que son nom « est célèbre dans toute l'Europe, qu'il suffit seul pour faire tout son éloge, » que cet « ambassadeur, ministre, surintendant des finances, commandeur des ordres du roi » fut « un de ces hommes rares que Dieu fait naître pour le bonheur des souverains et la félicité de leurs peuples. »

(4) Jean-Antoine de Mesmes devint président à mortier au Parlement de Paris, après la mort de son frère aîné, et mourut à l'âge de 75 ans, le 23 février 1673.

d'Escosse (1), car au temps que la Guyenne estoit angloise, il advint que plusieurs gentilshommes Anglois et Escossois se marièrent en Gascongne, et entre les autres Aimé de Mesmes, ancien chevalier du pays (2), estant fortuitement arresté en la ville de Roquefort, aux landes de Bordeaux (3), y espousa une fille de noble et antienne maison (4), et de cet heureux mariage sont descendus tous ceux qui portent en France l'illustre nom de Mesmes. Et pour justiffier d'autant plus ceste vérité, je veux dire qu'ils sont originaires d'Escosse, c'est, au rapport de celui dont je veux parler, que dans la ville de Bevranich (5), qui est sur la frontière

(1) C'est-il bien sûr? l'origine écossaise de la famille de Mesmes peut-elle être plus sérieusement alléguée que l'origine écossaise de la famille Colbert? Certains de ces généalogistes qui ne doutent de rien, ont attribué aux de Mesmes une noblesse des plus antiques et des plus glorieuses, mais un éminent critique, aussi judicieux que savant, M. Léopold Delisle, a parfaitement établi qu'il y avait là de ridicules exagérations. Voir dans la *Bibliothèque de l'Ecole des Chartes*, t. XXVIII, p. 201-240, la *Notice sur le psautier d'Ingeburge*, où M. Delisle a fait l'historique des diverses généalogies de la famille de Mesmes.

(2) Cet Aimé de Mesmes me paraît appartenir à la période légendaire de la généalogie de la famille de Mesmes. Dans l'article déjà cité du *Dictionnaire de Moréri*, article où abonde la fantaisie, cet *Aimé* devient *Amanieu* (*Amanivus de Mames, miles*).

(3) Roquefort est un chef-lieu de canton du département des Landes, arrondissement de Mont-de-Marsan, à 22 kilomètres de cette ville.

(4) La femme d'*Aimé* ou *Amanieu* n'est pas nommée dans la complaisante généalogie donnée par le *Moréri*.

(5) Le nom de cette ville avait été laissé en blanc dans la copie. Peut-être l'auteur de cette copie se méfiait-il de la géographie de Guillaume Colletet. Quoiqu'il en soit, je ne trouve *Bevranich* sur aucune carte. S'agirait-il de *Berwick*, qui est à l'embouchure de la Tweede?

de l'Écosse et sur la rivière de Tunède (1), que Ptolémée nomme Tmésis, il se trouvoit encore de son temps plusieurs gentilshommes qui portoient le nom de Mesmes, ce qui peut servir à expliquer ce passage obscur de nostre autheur, où parlant de ce héros de sa maison, Henry de Mesmes (2), il en parle en ces termes :

> Il porte le nom des Roys
> Roys de Navarre et de France
> Et le surnom Escossois
> Qui respendant la semence
> Devint de Thmesien
> (O semence bien heurée !)
> Gascon, puis Parisien
> En ceste heureuse (3) contrée.

Mais comme il est certain que Henri de Mesmes, dont il est fait mention dans ces vers, estoit fils du docte et célèbre Jean-Jacques de

---

(1) Le nom de cette rivière avait encore été laissé en blanc par le copiste. Etait-ce par prudence et en attendant une décisive vérification ? Il s'agit ici de la Tweede, qui répond à la Tmésis de Ptolémée.

(2) Henri de Mesmes, seigneur de Roissi et de Malassise, né le 30 janvier 1531, mort le 1ᵉʳ août 1596, donna, selon le *Moréri*, « un nouvel éclat à son nom, et un grand homme à l'État. » L'auteur — décidément quelque peu flatteur — qui a rédigé l'article de *Mesmes*, ne craint pas d'ajouter que le protecteur de Dorat et de Passerat, que l'ami de Turnèbe, de Lambin, de Paul de Foix et de Guy du Faur de Pibrac, « ne fut pas moins excellent capitaine qu'habile magistrat. »

(3) Dans le texte original on lisait *heureuse*, et *hureuse* dans la copie.

Mesmes (1), qui eust pour père ce brave chevalier Aimé de Mesmes, j'ai peyne à cognoistre le père de celuy dont il est question (2). La Croix du Maine dict qu'il estoit fils naturel de Jean-Jacques de Mesmes (3), et Antoine Du Verdier assure qu'il estoit son nepveu (4). Pour moy, de qui l'humeur incline toujours plustost à augmenter l'honeur des persones qu'à le diminuer, je panche de costé du second advis, qu'Aimé de Mesmes ait eu plusieurs enffans, que le père de celui dont il s'agit en ait esté l'un, et qu'il soit venu à Paris en la Compagnie de Jean-Jacques de Mesmes, seigneur de Roissy, son frère, et ma créance ou ma conjecture est fondée sur ce que nostre autheur dans l'épistre liminaire de sa comédie françoise des Supposez de Louis Arioste qu'il dédie à Henry de Mesmes, jurisconsulte, il l'appelle d'abord son cousin en ces termes familiers : « Cousin, comme je revisois ces jours passez les vieilles compositions de ma première jeunesse, etc., »

1) Jean-Jacques de Mesmes, I<sup>er</sup> du nom, chevalier, seigneur de Roissi et autres lieux, naquit le 11 mai 1490 en Gascogne : il fut le premier de sa famille qui vint s'établir à Paris. Il mourut en cette ville le 23 octobre 1569, après avoir occupé diverses positions considérables.

(2) Le copiste avait oublié les mots *le père* et avait écrit : « J'ai peine à connoître celui dont il est question. »

(3) « Jean-Pierre de Mesmes, parisien, fils naturel (comme l'assurent aucuns) de messire Jean-Jacques de Mesmes, père de messire Henry de Mesmes, sieur de Roissy et Malassise. » (*Bibliothèque françoise*, édition de 1772, t. 1, p. 573).

(4) « Sieur Jean-Jacques de Mesmes, seigneur de Roissy, son oncle (*Bibliothèque françoise*, édition de 1772, t. II, p. 470).

et que dans son docte livre des Institutions astronomiques qu'il dédia despuis à Jean-Jacques de Mesmes, premier et antien maistre des requestes sous les roys François I$^{er}$, Henry II, François II et Charles IX, il l'appelle hautement son oncle. Or, s'il eut effectivement esté son fils naturel, il est bien plus vraysemblable qu'il l'eust plustost par respect traitté de Monsieur qu'autrement, et qu'il n'eut pas pris la hardiesse d'appeller Henry de Mesmes son cousin, mais Monsieur aussi bien que l'autre. Quoyqu'il en soit, bastard ou légitime, il nasquit à Paris de ceste illustre famille, environ l'an 1525, et fut très-galand homme de sa personne. En sa jeunesse il s'appliqua sérieusement à l'estude des sciences gayes, et gayement à l'estude des sciences sérieuses, puisqu'il fut laborieux au possible et que le travail estoit son divertissement. Comme il aimoit nostre poésie françoise avecque passion, il brusloit de l'amour des mathématiques jusques à perdre pour elles le repos et le repas. Olivier de Magny, qui estoit un de ses familiers amis, le donne bien à congnoistre lorsque dans son Hymne de Marguerite de France, fille du roy Henri II, il l'exhorte ainsy de quitter pour quelque temps son estude sérieuse et de célébrer dans des vers l'heureuse naissance de ceste grande princesse :

> Laisse, Colet, ta superbe chronique,
> Et toy les points de la mathématique,
> Sçavant de Mesme, etc. (1).

1 Voir sur Olivier de Magny une bien intéressante notice de

Mais comme il est bien mal aisé d'acquérir la cognoissance parfaicte des sciences sans l'intelligence des langues qui en sont les véritables dépositaires, il s'y adonna avec tant de contention d'esprit, que non seulement les langues grecque et latine luy furent très-familières, mais encore que la langue italienne eut des charmes qui luy plurent presque autant que ceux de sa langue naturelle, jusque là qu'il se rendit capable de congnoistre toutes les délicatesses de ceste langue estrangère, et mesme de la parler et de l'escrire avec autant de grâce et d'ornement que s'il fust né sur les rives du Pau (1) ou sur les bords du Tybre. Vous qui d'abord doubterez de ceste vérité, prenez seullement la peine de consulter sa grammaire italienne et françoise, et les beaux vers italiens qu'il prit soin de composer et de publier de son temps, et vous serez bientost sans doubte aussi bien que moy persuadez de son mérite. Cela s'appelle n'estre pas l'esclave, mais le maistre d'une langue.

Toutes ces estudes diverses n'empeschèrent pas

---

M. Prosper Blanchemain dans ses *Poëtes et amoureuses du XVIe siècle* (Paris, 1877, p. 221-241.) On ne retrouve l'*Hymne de Marguerite de France* ni dans l'édition des *Odes* d'Olivier de Magny, publiée au XVIe siècle (Paris, 1559), ni dans l'édition que vient d'en donner M. E. Courbet (Paris, 1876). Cette pièce a paru isolément sous ce titre : *Hymne sur la naissance de Madame Marguerite de France, fille du roy Henri II, en l'an 1553, par* OLIVIER DE MAGNY, *avec quelques lyriques de luy*. (Paris, Abel L'Angelier, 1553, petit in-8º.)

(1) *Sic*. La même orthographe se trouve dans la copie.

qu'il ne cultivast la sienne propre avec un grand soin et qu'il ne fist de temps en temps des vers françois qui ne furent pas jugez indignes de son siècle, puisque ils eurent l'approbation de ceulx qui en estoient les supresmes génies. En effet, ils sont tels que ce grand poète de son temps Joachim Du Bellay, ravy de la doctrine de ceulx qu'il avoit composez sur le maryage de Henry de Mesmes (1), ne put s'empescher de les honorer de ceste petite ode que j'insère icy d'autant plus volontiers qu'ils ne se rencontrent pas dans le corps de ses œuvres où je l'ay cherchée inutilement (2), et puis il faut tascher à ne rien perdre des grands hommes :

>  Quel Démon à ceste fois
>  De sa fureur la plus douce
>  Jusqu'aux estoilles te pousse
>  Sur les aisles de ta voix?
>
>  De la céleste musique
>  Ne plaisent tant les doulx sons
>  Que le miel de tes chansons
>  Plus doulx que le miel attique.

(1) Henri de Mesmes épousa, le 3 juin 1552, sa cousine Jeanne Hennequin, fille d'Oudard Hennequin, seigneur de Boinville, maître des comptes, et de Jeanne Michon.

(2) Cette ode a été jointe pour la première fois aux œuvres de Joachim Du Bellay dans la remarquable édition publiée par M. Ch. Marty-Laveaux, chez Lemerre, en 1866, œuvres qui forment les deux premiers volumes de la *Pléiade française*, tant loués par Sainte-Beuve (13me volume des *Nouveaux lundis*).

> Heureux son, heureux sonneur,
> Heureuse vierge bien née,
> Et plus heureuse l'hyménée
> De telle vierge donneur (1).
>
> Heureux l'enfant qui doibt estre
> S'il est aussi bien sonné
> Que tu as bien fredonné
> Le Dieu qui le fera naistre !

Et quoyque le nom fameux de Du Bellay n'esclatte ny au frontispice ny à la fin de ceste ode, si est ce que son style puissant et doux et sa devise ordinaire : *Cœlo musa beat* dont il la souscrivit (2), peuvent desmentir ceux qui soustiendroient qu'elle ne fust pas effectivement de luy. Après tout, le fameux Du Bellay ne faisoit en cela que luy rendre ce que de Mesmes lui avoit déja presté dans ses beaux vers italiens et dans ses vers françois mesmes, où il faict encore ce noble souhait en sa faveur :

> O Dieu que n'aye la main
> Ou bien la plume Angevine
> Ou bien le chant plus qu'humain.
> De la lyre Ronsardine,

---

(1) La version donnée par Colletet de l'*Ode sur l'Épithalame de Henri de Mesmes et de Jane Hennequin*, justifie en cet endroit la conjecture de M. Marty-Laveaux, qui, trouvant dans les vers de Du Bellay d'*onneur*, avait proposé, avec son habituelle sagacité, de lire *donneur* et non *d'honneur*.

(2) On sait que le poëte prit plus tard cette mélancolique devise : *Spes et fortuna valete!*

par où il désigne clairement Joachim Du Bellay, Angevin (1) qu'il appelle ailleurs dans ses proses le premier Pétrarque françois, comme il appelle Pierre de Ronsard le premier Pindare de France.

Mais pour venir au détail de ses œuvres et en laisser le jugement libre à mon lecteur sans le prévenir davantage ny par les suffrages d'autres, ny par mes propres sentimens, l'an 1552 il fist imprimer à Paris et sans datte et sans nom de l'autheur un poème françois intitulé Epithalame de Henry de Mesmes et de Jeanne Hennequin (2), dont voicy le commencement :

>   Sus laissez le long séjour,
>   O nymphes parisiennes,
>   Et venez au poinct de jour
>   A ces nopces Mesmiennes,
>   Et de vos rares beautez,
>   Decorez ceste journée.
>   C'est celle que vous chantez
>   La plus belle de l'année.
>
>   O hymen, hymen, hymen
>   Hymen, hymen, hymenée.

---

(1) J. Du Bellay naquit de 1523 à 1525 à Liré, aujourd'hui commune du département de Maine-et-Loire, arrondissement de Cholet, canton de Chantoceaux, à 56 kilomètres d'Angers.

(2) La pièce, quoique bien rare cependant, n'est pas mentionnée dans le *Manuel du libraire*. La Croix du Maine ajoute que l'épithalame est accompagné d'un *Discours de l'origine ou extraction des Sieurs de Mesmes, seigneurs de Roissy*, et Du Verdier, que cet épithalame (format in-8°) est accompagné d'une *Exposition des endroits difficiles* contenus en ce petit poème, ce que, du reste, Colletet va, lui aussi, nous dire un peu plus loin.

Vous fuyez ! Dieux ! Qui vous poinct?
Quelle peur vous met en fuitte?
Les Dieux bouquins n'y sont point ;
Icy ne vous font poursuitte
Les Centaures enyvrés.
Par Erynne l'insensée
Les hommes n'y sont navrez
Comme aux nopces de Persée.

  O hymen, hymen, hymen
   Hymen, hymen, hymenée.

Vous ne verrez en ces lieux.
D'enfer l'engeance très orde,
Ny des sept Dieux le plus vieux
Ny de la noire Discorde
Ne craignez la pomme d'or ;
Discorde s'en est allée.
Où Mars et Bellone encor
Font d'armes grosse assemblée

  O hymen, hymen, etc.

On ne void concorde et paix
Parmy les bandes troublées,
Vous ne les vistes jamais
Par mutines assemblées.
Voyez l'une avec Vénus
De son ceston arrestée,
Voyez l'autre les bras nuds
Portant le cor d'Amalthée.

  O hymen, hymen, etc.

> Voyez les graces autour
> Des mignardes amourettes
> Qui sèment tout à l'entour
> De leurs mères les fleurettes.
> Voyez Hymen qui de fleurs
> Porte la teste atournée
> Et pour une de vos sœurs
> Oyez chanter Hymenée.
>
> O hymen, hymen, etc.

Et le reste où la fable et l'histoire ne sont pas oubliées. Aussy fut-ce pour ce subject qu'il s'advisa d'accompagner ce poëme lyrique d'un commentaire en prose qu'il appella Briefve exposition des endroits difficiles, où il proteste d'abord qu'il n'a pas dressé ces observations pour instruire les doctes et les intelligens, puisque ce seroit vouloir enseigner les aigles à voler et les cygnes à chanter, mais seullement pour conduire ceux qui ne sont pas si versez à l'intelligence des antiquitez poétiques. En quoy il faict du moins paroistre son jugement et sa modestie. Et là-dessus je peux adjouster véritablement qu'il appréhendoit si fort le jugement public et d'acquérir du blasme voulant acquérir de l'honeur, qu'il a tousjours faict passer la plupart de ses productions pour celles d'un autheur anonyme puisque son nom ne se rencontre presque jamais au frontispice de pas une, et qu'il ne nous le donne qu'à deviner tantost par quelque devise particulière, tantost par les lettres capitales de son nom, maintenant par quelque passage tiré du milieu de son discours, et tantost par quelque dédicace de son livre. Par exemple, son epithalame est marquée de sa devise latine qui estoit : *Cœlum non solum*, et sur le mot de Thmesien Gascon il dit dans ses commentaires : Notez que nostre surnom de Mesmes, etc., d'où l'on peut conclure infailliblement qu'il en estoit le véritable autheur. Sa grammaire italienne et françoise imprimée pour la première fois à Paris l'an 1548 (1), n'en désigne l'autheur que par ces lettres capitales : I. P. D. M. que quelques uns ont faussement interprétées : Jacques Pelletier du Mans qui vivoit et qui escripvoit au mesme temps (2), mais la devise italienne qu'il

(1) La Croix du Maine en parle ainsi (t. I. p. 573) : « Il est auteur d'une grammaire italienne et françoise, imprimée à Paris chez Gilles Corrozet, l'an 1548, et l'an 1567, chez Robert le Mangnier, en laquelle il n'a pas voulu mettre son nom : mais ce qui m'a fait cognoistre qui en étoit auteur, çà été une sienne devise, mise sur la fin de la dite grammaire italienne, qui est telle : *Per me-stesso son sasso*, laquelle expliquée en françois, signifie *De moy-mesme je suis Pierre*, qui est un équivoque ou allusion sur son nom et surnom, Pierre de Mesmes, comme s'il eut voulu dire : Je suis Pierre de Mesmes, qui ai composé cet ouvrage. Ce que j'ay récité assez amplement à cause de plusieurs qui n'ont pas cognoissance ni de l'auteur de cette grammaire italienne et françoise, ni de cette devise...... » Du Verdier, bien plus bref, cette fois, que son confrère en bibliographie, se contente d'indiquer l'édition de la grammaire italienne donnée à Paris, in-8°, par Gilles Corrozet, 1548. La Grammaire de J. P. de Mesmes ne figure ni dans les *Jugements des savans* d'Adrien Baillet, ni dans le *Manuel du Libraire*.

(2) C'est ce qu'avait prévu La Croix du Maine, disant (*Ibid*) : « S'il eût mis son nom par lettres capitales ou majuscules en cette façon J. P. D. M. Plusieurs eussent pensé que c'eût été le nom de Jaques Peletier du Mans, tant cognu par ses œuvres, et plusieurs

y adjouste *Per me stesso son sasso*, de moy mesme je suys Pierre, faict bien cognoistre par ceste allusion ou équivoque sur son nom que Jean Pierre de Mesmes, et non pas Jacques Pelletier estoit l'autheur de ceste docte et utile production grammaticale. Finalement sa version des Supposés desdiée à Henry de Mesmes qu'il appelle son cousin, nous peut faire soupçonner au moins qu'un de Mesmes l'a faicte, et puis deux de nos bibliothéquaires l'attribuent justement à celluy-cy (1). Ceux qui sont bien aises de ne point confondre les autheurs et qui considèrent toutes les choses de près, n'ignorent pas combien celles-cy coustent et combien la recherche en est pénible : Ce que je

ont eu opinion que les vers italiens pris au Tombeau de Madame Marguerite, Roine de Navarre, sœur du roi François I, sous ces lettres susdites, signifiassent le nom dudit Pelletier, mais leurs devises les ont fait recognoistre, car ledit Jean Pierre de Mesmes a celle-cy en latin, *Cælum non solum*, et Pelletier a cette autre françoise, *moins et meilleur*, mais c'est trop s'arrêter sur ce point.. » M. de Clinchamp, dans sa notice sur Jacques Pelletier (*Bulletin d*t *Bibliophile* de juillet 1847, p. 283-308) a dit de ces vers italiens (p. 296, en note) : « On donnait jadis cette version à l'auteur dont nous esquissons la vie ; la connaissance parfaite qu'il possédait de la langue de Pétrarque, autant que les initiales citées plus haut et qu'on peut, en effet, expliquer par Jacques Pelletier Du Mans, avaient accrédité cette opinion. Elle est erronée cependant, et le véritable traducteur est le parisien Jean Pierre de Mesmes. »

(1) La Croix du Maine ne dit rien de cet opuscule, mais Du Verdier déclare que J. P. de Mesmes « a traduit d'Italien, les Supposés, comédie de Loys Arioste, imprimés à Paris, in-8°, par Estienne Groulleau, 1552. » B. de la Monnoye fait observer, sous le passage de la *Bibliothèque françoise*, (1773, t. II, p. 470) que « l'édition des *Supposés* de l'Arioste, traduits en françois par J. P. de Mesmes, est curieuse en ce qu'on y voit, à côté de la traduction, la comédie de l'Arioste en prose italienne, suivant que l'auteur l'y avoit originairement conçue avant qu'il la réduisit en vers de douze syllabes. » Cette observation a été reproduite par J. C. Brunet (*Manuel du Li-*

ne dis pas pour louer mon travail, mais seullement pour fermer la bouche et pour respondre à ceux qui par ces mesmes circonstances croiroient avoir lieu de le mépriser. Après tout, qu'ils se souviennent que ces exactes et petites observations font une partie de la critique moderne (1), et que souvent le grand Scaliger, le docte Lipse et le fameux Casaubon ont la sueur au front pour de moindres ou de semblables choses.

Je ne diray rien icy davantage de ses Institutions astronomiques contenant les principaux fondemens et les premières causes des cours et mouvemens célestes, avec la totale révolution du ciel et de ses parties, les causes et raisons des éclypses, tant de la lune que du soleil, imprimés à Paris, in-4°, l'an 1557 (2), ny de sa Composition et fabrique de l'astrolabe et de son usage, avec les préceptes des mesures géométriques, le tout traduit du latin de Jean Stoefler, célèbre mathé-

---

*braire*) au mot *Ariosto*, t. I, col. 417. Le savant bibliographe rappelle, à ce sujet, que ce n'est pas la plus ancienne traduction qui ait paru des *Supposés*, en notre langue, car Jacques Bourgeois en avait déjà donné une en 1545, sous le titre de *Comédie très-élégante*.

(1) M. Amédée Thierry a dit quelque part que les détails sont l'âme de l'histoire. Le mot est surtout juste si on l'applique à l'histoire littéraire, et le rapprochant de la profession de foi de Guillaume Colletet, je recommande le tout à l'attention des critiques trop épris de vaines considérations générales et qui, du haut de leur nuage, répondent avec un superbe dédain au lecteur refusant de les suivre : *de minimis non curat .. scriptor*.

(2) Chez Michel Vascosan, in-f°, comme nous l'apprend Du Verdier. Voir aussi la *Bibliographie astronomique* par Jérôme de la Lande (Paris, in-4°, p. 80), qui signale la beauté de cette

maticien, enrichy des annotations du docte de Mesmes et imprimé à Paris, in-8° l'an 1556 (1), puisque cela n'est pas de mon subject et que je le renvoye aux mathématiciens pour en juger. Je diray seullement que sa version en prose françoise de la Comédie des Supposez de Louis Arioste est escrite d'un style si pur et si net pour le temps, qu'il paroist bien que les langues estrangères n'estoient pas sa seule passion, et que sa langue maternelle ne fut pas dans sa créance indigne de sa culture et de ses soins.

J'adjouste que ce fut encore luy mesme qui traduisit en beaux vers italiens les cent fameux distiques que ces trois illustres princesses angloises, Anne, Marguerite et Jeanne de Seymur composèrent sur le trespas de l'incomparable Marguerite, royne de Navarre (2), comme on le void par les mêmes lettres capitales de son nom I. P. D. M., qui sont au-dessus de chaque

---

édition, mais qui n'a pas connu une autre édition citée par Brunet, d'après Maittaire : Paris, Fed. Morel, 1599, in-f°. Je trouve une mention des *Institutions astronomiques* dans le commentaire fait par Simon Goulart des Œuvres de G. de Saluste, sieur du Bartas (Paris, Toussainctz Du Bray, in-f°, 1611, 1re partie, p. 181)

(1) Par Guillaume Cavellat. Voir les ouvrages déjà cités de Du Verdier, de La Lande, de J.-C. Brunet. Ce dernier (t. VII, col. 1670) indique, de plus, une édition de 1560, (même imprimeur, même format). L'ouvrage est mis à 25 fr. dans le *Bulletin* de MM. Morgand et Fatout, libraires (Nos 3 et 4).

(2) *Le Tombeau de Marguerite de Valois, royne de Navarre, faict premièrement en distiques latins par les trois sœurs princesses en Angleterre* (Anne, Marguerite, Jane de *Seymour*). *Depuis traduictz en grec, italien et françois par plusieurs des excellents poëtes de*

quatrain parmy ceux de Jean Dorat, de Joachim Du Bellay, du comte d'Alsinoiz et de quelques autres, et par sa devise : *Cœlum non solum* (1) qui est ensuite au-dessous de deux ou trois petits poèmes italiens en faveur de ces trois héroïques sœurs, il paroist bien que ce sont d'agréables productions de l'esprit de de Mesmes qui estoit capable de tout entreprendre et de tout exécuter dans ses lettres.

On voit encore de ses vers au frontispice de plusieurs livres imprimez de son temps, comme on le peut juger par sa devise : *Cœlum non solum* qui est au-dessous de ces mêmes ouvrages. Ainsi l'ode françoise qui est à l'entrée d'un vieux roman intitulé le *Nouveau Tristan, prince du Léonnois*, et mis en nostre langue par Jean Maugin l'Angevin (2), est de la façon du sçavant

---

*France* (J.-P. de Mesmes, Joach. Du Bellay, Antoinette de Louynes, Ant. de Baïf, le comte d'Alsinois) : *avec plusieurs odes, hymnes, cantiques, épitaphes sur le même sujet* (par P. de Ronsard, G. Denisot, Salm. Macrin, Nic. Bourbon, Cl. d'Espence, Ch. de Sainte-Marthe, J. Daurat, Jean Tagaut, Jacq. Bouju, J. Morel, P. des Mireurs, G. Bourquier : le tout publié par Nic. Denisot, comte d'Alsinois, avec la préface du seigneur des Essars, Nic. de Herberay). Paris, impr. de Michel Fezandat et R. Granjon, 1551, petit in-8°.

(1) La même devise (*Cælo non solo*) devait être adoptée à la fin du siècle suivant, par un saint ecclésiastique dont je viens de chercher à raviver quelque peu le souvenir. Voir *Notes sur la vie et les ouvrages de l'abbé Jean-Jacques Boileau* (1877, in-8°, p. 80, note 1).

(2) *Le premier livre du nouveau Tristan, prince de Léonnois, chevalier de la Table-Ronde, et d'Yseulte, princesse d'Yrlande, royne de Cornouaille, faict françois par* JEAN MAUGIN, *dit l'Angevin.*

de Mesmes. En voicy la seconde ou troisiesme stance :

> Le torrent gravier cache l'or,
> Les graves ruines le thrésor,
> Les espines la rose,
> Le corps bossu le grand sçavoir.
> Dans les vieux romans on peut voir
> Mainte excellente chose.

Le reste est du mesme style, c'est-à-dire plus docte que poly.

Il vivoit encore l'an 1558. Antoine du Verdier, La Croix du Maine, George Draude, et le Promptuaire des livres ont faict mention de luy dans leurs Bibliothèques françoises. Charles Fontaine, qui se picquoit fort d'estre bon poète et qui ne le fut jamais (1), lui adressa ceste fade épigramme que j'ay trouvée parmy les siennes :

> A Jean-Pierre de Mesmes.
>
> Ma Muse estrennant ses amis
> Si elle t'avoit oublié
> Ce péché ne seroit remis,
> Ains à jamais seroit lié.

Paris, veuve Delaporte, 1551, in-f°. *Ibid.* Gabr. Buon, 1567, in-f°. Lyon, Benj. Rigaud, 1577, 2 vol. in-16. Paris, Nicolas Bonfons, 1586, in-4°. Voir sur Maugin un recueil où l'on est assuré de trouver toujours d'excellents renseignements, *le Dictionnaire historique, géographique et biographique de Maine-et-Loire,* par M. CÉLESTIN PORT (t. II, 1876, p. 618-619).

(1) Ce Charles Fontaine (né à Paris le 12 juillet 1513, mort vers 1587) fut l'adversaire passionné de Joachim Du Bellay. Sa critique (1551) de la *Défense et illustration de la langue françoise,* n'est pas moins plate que le quatrain cité par Colletet, lequel se montre ici fort bon appréciateur.

Ce célèbre jurisconsulte, ou droict conseillant, comme il s'appelloit plaisamment, Louis le Caron, nommé depuis Charondas (1), dans son poème du Ciel des Grâces, le met au nombre de ces excellens hommes qui esclattoient de son temps par des productions d'esprit :

> Magny, mon de Mesmes encore,
> Esprits que la France honnore.

Et je m'estonne d'où vient que Scevole de Saincte-Marthe qui a faict l'éloge latin des excellens hommes de ceste maison parmy les hommes illustres que j'ay faict parler françois (2) a passé celluy-cy soubs silence. Scroit-il bien possible qu'il ne l'eust pas cognu luy (qui) vivoit de son temps? Ou plustost ne seroit-ce point qu'il auroit creu sa naissance doubteuse, et qu'en ceste qualité il eut voullu refuser un honneur légitime à celuy qui ne l'estoit pas, comme si la vertu, qui est de tout sexe, n'estoit pas aussi de tout temps? Et puis certes il ne se montra pas si réservé, ny si scrupuleux à l'endroict de ces illustres bastards Christofle de

---

(1) Louis le Caron, dit Charondas, naquit à Paris et mourut en 1617, plus qu'octogénaire. Voir sur cet ami d'Etienne Pasquier, ami qui fut lieutenant au baillage de Clermont, en Beauvoisis, les notices de La Croix du Maine (t. II, p. 46-47) et de Du Verdier (t. II, p. 592-597). *Le Ciel des Grâces*, d'après ce dernier auteur, fut imprimé à Paris, in-8° par Gilles Robinot, 1554. Brunet a omis ce rare opuscule dans l'article *Le Caron* du *Manuel du Libraire* (t. II, col. 912). Louis le Caron a, comme poète, été fort maltraité par l'abbé Goujet (*Bibliothèque françoise*, t. XIV, p. 272-274).

(2) Voir sur la traduction du *Gallorum doctrina illustrium* (Paris, 1611, in-4), l'*Introduction* aux *Vies des poètes gascons*, p. 12.

Longueil (1), Mellin de Saint-Gelais et Jean-Antoine de Baïf, desquels il fit si justement l'éloge. Le mesme Baïf, qui estoit un de ses plus doctes amis, pour éterniser son mérite aussy bien que leur amitié mutuelle, lui desdia un sonnet dans le second livre de ses Amours de Francine (2), où il lui parle de la sorte :

> Mesmes, tandis qu'au ciel tu fiches ton esprit,
> Des astres remarquant le cours et la puissance,
> Sur les bords de la Seine à rien las! je ne pense,
> Icy dessus le Clain, qu'à celle qui m'y prit, etc.

Quiconque sera curieux de voir la response que de Mesmes lui fist en mesme temps, peut consulter la fin de ces Amours de Francine, où il trouvera un sonnet qui commence de la sorte :

> Baïf, ce doux tourment qui te faict nuit et jour
> Non plus ce mien esprit, non plus mon cœur attise,
> La fureur n'y est plus qui encore te maistrise,
> Mais il faut une fois faire hommage à l'Amour.

(1) Christophe de Longueil, né en 1488 à Malines, mourut en en 1522 à Padoue, après avoir été professeur de droit à Poitiers et conseiller au parlement de Paris. Il était « fils naturel d'Antoine de Longueil, évêque de Saint-Pol de Léon, chancelier de la reine Anne de Bretagne, » comme s'exprime le *Moréri*. C'est dans le livre I de son Recueil que Sainte-Marthe a fait l'éloge de Longueil, vanté aussi par Paul Jove, et, ce qui vaut mieux, par Guillaume Budé, par Etienne Dolet, par Clément Marot et par le cardinal Pole, lequel fut son intime ami.

(2) Voir ce sonnet dans les *Poésies choisies de J. A. de Baïf*, publiées par M. L. Becq de Fouquières (Paris, Charpentier. 1874, p. 139). L'éditeur, soit qu'il n'ait pas connu J.-P. de Mesmes, soit qu'il ait oublié de le faire connaître à ses lecteurs, n'a pas mis la plus petite note sous le nom de cet ami du chantre de Francine. Par un singulier *lapsus* Francine avait été, dans la copie du Louvre, changée en *Francius*.

Nicolas Bergier, de Reims (1), dans la préface de son traitté curieux du poinct du jour (2), pour appuyer quelques-unes de ses opinions, rapporte quelques passages de ses doctes Institutions astronomiques avec le nom de l'auteur en marge. Pierre de Ronsard, dans les premières additions de son Poëme des Isles fortunées, dédié à Marc-Antoine de Muret, tesmoigne bien la haute estime qu'il faisoit du mérite de Jean-Pierre de Mesmes lorsqu'il le met au nombre de ses doctes amis qu'il invite à faire avec eux le voyage des Isles fortunées ;

> Je vois Baïf, Denizot, Tahureau,
> Mesmes, Du Parc, Bellay, Dorat, etc (3).

(1) Nicolas Bergier, né à Reims en 1567, mourut en 1623, ayant publié, un an avant sa mort, un livre rempli d'érudition et que l'on peut encore consulter avec profit, l'*Histoire des grands chemins de l'Empire romain* (1622, in-4°, plusieurs fois réimprimé, notamment en 1736).

(2) *Le Point du Jour, ou Traité du commencement des jours et de l'endroit où il est établi sur la terre*, Reims, 1629, in-12. La première édition est de Paris, 1617, in-8° sous le titre d'*Archemeron, ou Traité*, etc.

(3) A toutes les citations de Colletet je ne joindrai qu'une seule citation, tirée des *Sonnets exotériques* d'Imbert (sonnet XVII, p. 25 de l'édition de 1872) :

> Donc, Mesme, mon voisin, quand d'un hautain esprit
> En faveur des François tu monstres par escrit
> Des célestes flambeaux les loges éternelles, etc.,

Imbert vise en ce tercet les *Institutions astronomiques*. Il est moins facile d'expliquer les mots : *Mon voisin* qu'il adresse au *parisien* J.-P. de Mesme. Faut-il voir dans ces mots une allusion à l'origine gasconne des aïeux de notre poète, ou par *mon voisin*, Imbert désignait-il le propriétaire de quelque petit domaine situé dans les environs de Condom ?

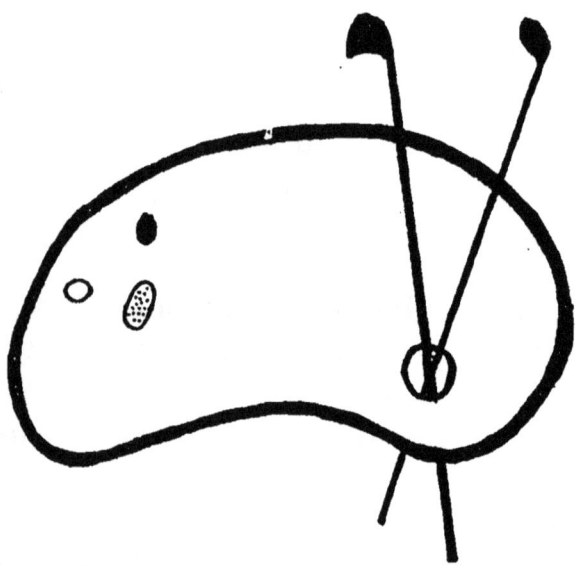

ORIGINAL EN COULEUR
NF Z 43-120-8

**Publications de Bonnedame et Fils,**
En vente à la librairie de Alph. PICARD, rue Bonaparte, 82,
PARIS.

---

*État des Catalogues des Manuscrits des Bibliothèques de France*, par M. ULYSSE ROBERT, de la Bibliothèque nationale, in-8°........................ fr. 1 50
*Le même*, papier vergé.......................... fr. 2 50
*Un Chapitre inédit de l'Histoire des Tombes de Saint-Denis, 1781-1787*, d'après les documents conservés aux Archives nationales, par J. J. GUIFFREY, avec un plan et deux fac-simile de dessins du temps, in-8°................................................ fr. 5 » »
*Le même*, papier vergé.......................... fr. 7 » »
*Note sur le Recueil intitulé De Miraculis sancti Jacobi*, par M. Léopold DELISLE, de l'Institut, administrateur général de la Bibliothèque nationale.... fr. 1 » »
*Le même*, papier vergé.......................... fr. 1 50
*Une Souscription au XVIII° siècle en faveur de la famille Calas*, par M. P. BONNASSIEUX, in-8°...... fr. 0 75
*Le même*, papier vergé.......................... fr. 1
*Le duc de Saint-Simon : Mémoire sur la recherche de leur Correspondance 1706-1729*, par M. Armand BASCHET, papier vergé.................... fr. 3 » »

---

VIENT DE PARAITRE 31 MARS 1878 :

## LE SECOND FASCICULE DE

*Inventaire de la Collection d'Estampes relative à l'Histoire de France, léguée en 1863 à la Bibliothèque nationale par M. Michel Hennin*, rédigé par M. GEORGES DUPLESSIS, Conservateur sous-Directeur adjoint du département des Estampes à la Bibliothèque nationale. Prix... fr. 6 » »
Papier vergé.................................... fr. 10
Cet ouvrage formera de 4 à 5 volumes in-8° grand papier raisin. Chaque................................ fr. 12 » »
En papier vergé................................ fr. 20

**Le premier volume est en vente.**

www.ingramcontent.com/pod-product-compliance
Lightning Source LLC
Chambersburg PA
CBHW060609050426
42451CB00011B/2153